신해자 시집

건반 위를 날다

순수시선 584

건반 위를 날다

신해자 지음

2018. 5. 5. 초판
2018. 5. 15. 발행

발행처 · 순수문학사
출판주간 · 朴永河
등　록　제2-1572호

서울 중구 퇴계로48길 11 협성BD 202호
TEL (02) 2277-6637~9
FAX (02) 2279-7995
E-mail ; seonsookr@hanmail.net

· 저자와의 합의하에 인지를 생략함
· 잘못된 책은 바꾸어 드립니다

ISBN 979-11-86171-73-8

가격 10,000원

이 도서의 국립중앙도서관 출판예정도서목록(CIP)은
서지정보유통지원시스템 홈페이지(http://seoji.nl.go.kr)와
국가자료공동목록시스템(http://www.nl.go.kr/kolisnet)에서
이용하실 수 있습니다. (CIP제어번호 : CIP2018013413)

신해자 시집

건빤 위를 날다

순수

◆ 自序

　세 번째 시집을 내면서도 가슴은 여전히 떨림으로 가득하다.
　좀더 나은 시집을 열망하면서 천오백 편 속에서 고른 것들인데 막상 내놓고 보면 부족하다는 생각만 앞선다
　세상사는 오늘이 지내온 어제의 그 시간 같고 내일은 오늘의 그 시간 같을 것이다.
　시간 속에서 오래도록 보물찾기에 골몰해도 손에 쥔 것은 볼품이 없다.
　여인은 오늘도 가슴을 쥐어짜고 명시가 태어나기를 소망하지만 피워낸 꽃송이는 내 마음을 채운 아쉬운 미완성인 것이다.
　무등산을 보며 큰 시작품을 모국어로 열창해야겠다는 다짐은 한결같지만 결과는 한갓 꿈에 그친다.

　시의 길목에서 만난 세 분의 교수님께 큰 영광을 돌

리고 싶다.
 제1시집, 『내 마음의 하얀새』 허형만 교수님
 제2시집, 『보름달 여인』 문병란 교수님
 제3시집, 『건반 위를 날다』 김종 교수님 존경하고
사랑합니다.
 이 생명 다할 때까지 시와 노래와 그림 속에서
 열심을 다하여 살아가렵니다.

> 2018, 신록이 아름다운 무등을 보며
> 신해자 삼가

차례

◆ 평설/ 김 종 • 130
◆ 自序 • 10

1 길갓집

무월撫月 마을 • 19
길갓집 • 20
백화산 • 22
꽃샘바람 속 목련 • 23
난에게 • 24
수선화 • 26
노래를 부르며 • 27
목마른 주암호 • 28
당신과 머문 곳 • 29
매미의 울음 • 30
가을 나들이 • 31
금남로 • 32
가을밤 동침 • 34
거문도 해맞이 • 35
거제도 숲길 • 36

공주 공산성·1·37
광주천에서·38
금화사·39
긴 밤·40
꽃신·42
눈 내리는 밤·43

2 봄비 오는 날

봄비 오는 날·47
폭설·48
꽃 문 여는 환상·49
동래차밭골에서·50
동백꽃·51
두물머리에 핀 연꽃·52
노을과의 만남·53
마추픽추에서·54
매화동산·55
먹구름 낀 날 오후·56
무등산의 오후·57
눈 오는 날 친구들과·58
두오모 성당에서·60
바람 끝에서·61
바람의 길·62

복날 오후 · 63
만연산 둘레길 · 64
브라질 슈거로프 산 · 66
불면증 · 68
산수유 · 69
상현달 · 70

3 가을 무등산

서다인 손녀에게 · 73
서채은 딸에게 · 74
설중매 · 2 · 75
성전 앞 호숫가 · 76
가을 무등산 · 77
쌍계사에서 · 78
안개 속 영혼 · 79
숲으로 · 80
신림 교회 · 82
신안 임자도 · 84
아이러니 카리스마 · 86
어머니 영전에서 · 88
오동도 · 90
영해공원 · 92
요양병원 · 93

울릉도 • 94
월출산 • 95
윤선도 유적지에서 • 96
은행 • 97
장 내시경 • 98
장애인 축제 • 100

4 귀뚜라미 사랑

귀뚜라미 사랑 • 103
진도 남망산 웰빙 등산로 • 104
지팡이 • 106
채석강의 오후 • 107
초승달 • 108
달맞이꽃 • 109
토지 문학관 • 110
토지의 사랑 • 112
파도 • 113
피렌체 베끼오 궁전 • 114
포스코 성당 • 116
하늘 소금 • 117
하늘 운동장 • 118
하늘 강 • 119
함평 나들이 • 120

藝峰 박영철 단장님 • 121
지휘자 부부교수 • 122
그 길 • 124
운천 호수 • 125
소풍 문인화 • 126
형제 6인방 • 128

1부

길갓집

무월撫月 마을

대추 향 풋풋한 고샅길 따라
달님은 넓은 하늘에 마실 다니고
감나무는 홍시를 달고
달을 기다리고 있다
저 홍시 얼굴 붉히는 것은 달님의 손길 때문
꼭지머리 산봉우리에 떠오른 달을 보고
토담 위의 늙은 호박도 노랗게 물든다
옳지, 저 호박도 아직 가슴 뛰는가
내 가슴에도 홍시 달리고
노란 물든다
달님을 애무하는 무월에서
누구든 가슴 붉히지 않으랴.

길갓집

언제나 내 꿈은
두 동강이 나버린다

반쪽은 스러져 묻히고
반쪽은 나를 품어준다

나는 감방 산자락에 쓸쓸히 서 있다

길갓집에 살면
소문이 심장을 떼어 간다고
동네 아낙들은
입방망이질 해댄다

고향 산자락에
먼지처럼 떠도는 풍문들로
귓속이 울어대다가
가슴이 뜨거워진다

꽃들의 희로애락도
만나보지 못한 채
슬픔마저 고단해지는

하루를 접는다

금세 어두워지는
산은 밤이 깊을수록
서로를 부둥켜안은 채
온기를 나누고 있다.

백화산

충청북도 백화산에서 오월을 만났다
찾아오는 발길이 뜸한지
적막감만 떠돈다

잎새들이 참새 혓바닥처럼 귀엽다
시나브로 산꽃들 지니
신록이 온통 백화산을 덮었다

반야사 독경 소리는
상처 난 영혼을 위해 연꽃으로 피어나고
산 입구까지 마중 나온 봉축등 행렬은
부처님 오실 날만 기다리는 중이다

계곡물에 소원을 띄워 바다로 보내고
풍경소리에 맞추어 산의 이마를 흔들어본다

첩첩 산중
옥빛 물속에 낮달이 놀러왔다
마알갛게 얼굴을 씻으니
연둣빛 새잎이 얼굴마다 돋아난다
이제 사랑할 준비가 다 되었다.

꽃샘바람 속 목련

임을 향해 촛불 밝힐
그날을 그리며
견디고 있습니다

달빛으로 오실 당신
길 찾아
헤매지 않게
꽃샘바람에도 얼지 않겠습니다

한달음 바람결에
귀밑머리 풀고
여울목에 걸터앉아
촛불 밝히고
당신을 맞습니다.

난에게

함께 살아온 세월
십 년이 훌쩍 넘었다

언제부턴가 꽃대가 숨어 버렸다
올해는 피우겠지
기다림은 한숨만 남았다

잎만 한 촉씩
푸르게 손바닥을 내밀고
내 맘을 달래준다

며칠 전
꽃대가 고개를 내밀더니
오늘 아침 반짝 눈을 떴다
다음 날 또 한 송이
새초롬한 미인처럼 들여다본다

내가 뭘 잘못했니?
더 잘할 게
잊지 말고 다시 찾아와 줘
은근히 당부한다

기다려도 오기만 하면
고통은 녹아 멀리 사라진다

오랜만에
내 마음의 화폭에도
꽃 세 송이 난꽃이
다소곳이 피었다.

수선화

샛노란 저고리 입고
치맛자락 나붓 끼며
춤추는 발레리나
봄이 왔다고 저리 좋을까

이슬방울 머금은 노오란 입술
따스한 햇살을 꼭 붙잡고
아기 눈망울처럼 웃는다

문득 시간 속 여행
떠날 준비가 바쁘다

어느새 저고리는 빛바래고
얼굴엔 주름 가득
활처럼 굽혀지니
허리가 처연하다

떠나는 것이
꼭 슬픈 여정은 아니겠지만
떠나보내는
내 마음이 슬픈 것을 어쩌랴.

노래를 부르며

저녁놀이 붉다
황혼의 멜로디는
구름을 타고 무등산을 오른다

그리움으로
가슴 차오른 노래는
서석대에 감긴다
추억이 주상절리처럼 일어선다

평생 음악과 함께한
열정의 호랑나비가 되어
건반 위를 사뿐사뿐 날아다닌다
날개는 건반을 넘나들며
기러기 떼로 변신한다

노을 속으로 날아들더니
눈부신 황금날개로 솟구친다.

목마른 주암호

호숫가 갈대는
흰머리를 모두 날리고
마른 죽정이만 술렁인다

목마름을 견디다가
드러난 바닥에
붉은 가슴이 바짝 타들어간다

아무리 기다려도
무심한 하늘에 흰 구름만
떠간다

광주 사람들
목매고 생명수를 기다린다
헉헉거리며
천둥치면서
회동하는 먹구름
비올 날을 손꼽고 있다.

당신과 머문 곳

설렘이 먼저 길을 나선다

언제라도 당신은 가득 차고
세상만사는 텅텅 비었다

돌아서는 발길이 애잔하던지
조각구름도 따라 길을 나선다

유달산 아래 함께했던 설렘들
추억에 일렁이는 낙조의 불길
먹구름에 가려 애를 태운다
막힌 채로 어둠이 내린다

보름달이 천천히 비상하는 밤
보름달이 뜨면 만난다는 학처럼
이 밤에 천상 높이에
당신과 다시 만날 것만 같다.

매미의 울음

태양이 작열하는 한여름
매미는 아우성치며
죽을힘을 다해
소나기처럼
울음을 토해낸다

먹구름 속 천둥치며 소나기를 퍼붓는다
높은음자리의 세레나데가 연주 된다

숨 한번 고른 후
고막이 터질 듯이
6khz로 세상을 구애한다

마지막 청혼자라는 것을 아는지
저리 목피가 터져라
세레나데를 연주하는 것인가

나를 부르는 그대여
한 옥타브만 소리를 높여다오.

가을 나들이

구름도 나들이 가고
가을바람도 나들이 가고
황금들녘을 가로지르니
세상이 가득하다

감방산에 안긴 고향집
마당쇠바람은 마당을 쓸고
대밭에 숨어 있던 바람은
대청마루에 걸터앉아
여인네 치마폭을 흔들며
울고 있다

남편은 하늘을 장대에 끼워
가을을 따고 있다
웃음 한 바구니 행복 한 바구니
풍성한 마음까지도 따고 있다

고추밭에 잠자리는
고추방앗간 따라가고
길섶에 억새꽃 코스모스는
새침한 가을 아낙이 되어
마음에 오색단풍 옷을 입힌다.

금남로

금남로는 은행나무 길이다
봄엔 연둣빛으로 씩씩한 청년이 되어
4.19의 정신으로 세상에 희망을 외친다

핏빛으로 광장을 물들였던 5.18
총과 화염 속 분노는 스러졌어도
민주와 평화를 탐욕으로 삼킨 반역자를 꾸짖고
나라와 민족을 위해 민주화를 부르짖는
시민 청년들이 푸르게 돋아난다

가을 소슬바람 타고
노오란 은행알 아롱다롱 다 내어준다
젊음과 노장들 70-80 잔치는
광주의 원혼들 한을 풀어주려는 듯
하늘로 무등의 빛을 쏘아 올린다

노란 옷으로 갈아입은 마른 은행잎은
생명의 끈을 놓고
이젠 더 내어줄 게 없다는 듯
낙엽이 되어 떨어진다
밟히고 밟힌다

바람은 이리저리 새떼들처럼 끌고 다닌다
삶의 무게를 가만히 내려놓는다.

가을밤 동침

무등산 타고 오른 보름달

팔베개를 하고
둥글게 사랑한다

눈 뜨면
추억들 사라질까봐

차마 눈을 뜨지 못하고
귀뚜라미 노래에 귀를 여니
창밖에 살랑거리는 바람이
가을을 끌고 방으로 들어온다

가을달빛이 온 방을 기웃거리며
오롯이
나를 안는다.

거문도 해맞이

불그레한 여명
바다는 핏빛으로 양수를 퍼내고
아기불덩이가 솟아오른다

온 누리를 밝히는 희망
생명을 출산하는 모태여
바다는 어미의 자궁이다

여기 생명의 보금자리에서
사랑을 꿈꾸며
다시 어미가 되고 싶다.

거제도 숲길

바다를 가로지르는 오솔길에 솔향이 짙다
유람선은 낭만과 사랑을 싣고 표류 중이다
부표 아래엔 설레는 가슴이 매달려 있다

섬들은 사랑으로 이어져
바다와 한 몸 되니
고기떼는 꼬리에 꼬리를 물고
춤을 춘다

나도 지친 마음을 내려놓고
파도 소리 장단에 흔들린다
마음은 축 늘어진 노송 가지가 된다
학 한 마리 날아와
날개를 접는다.

공주 공산성 · 1

곰나루엔 별들이 물 위에 떠다닌다
공산성 금서루에 오르니
공주 시내가 한눈에 들어온다
백제의 축제 불빛이 현란하다

성벽엔 황금색 깃발 날리고
옛사람들 자취를 밟아
한 바퀴 휘돌아 정자에 오르니
백마강엔 보름달이
옛정을 담아 떠올랐다

화려한 불빛 옷을 입은
의자왕과 정승들
백제의 위엄이 흐르는 강물소리
백제가 되돌아온 것인가

신하들은 왕의 어주를 받아 마시고
강물은 태평시를 읊고 있다.

광주천에서

초승달과 함께 징검다리 건넌다
젊은 연인들 발자국에 별빛 쏟아진다
상점들은 청사초롱 밝히고
광주천은 옥구슬로 흐른다

불타는 정의와 한이 서려있는 빛고을
죽음에서 깨어난 맑은 영혼의 외침
숭고한 민주화 정신이 꽃핀
5.18 광장은 민주성지로 태어났다

무등산의 큰 기상
하늘 문을 여는 천황봉
주상절리 서석대
억만년을 솟아오른 태양
눈부신 슬기와 지혜
우주를 향해 용트림하는 기세
세계 속으로 승천하기 위한 발돋움
광주여, 무등산이여
세계 문화유산에 새겨지기를….

금화사

산봉우리 정기는 법당 안에 조용하다
중생들은
심신의 무게를 법당에 내려놓는다
법당을 기웃거리던 햇빛도
슬그머니 방석에 앉는다

부처님의 도량이 환하게 비추니
신도들 금화사에 들어서면
정갈한 풍경소리 맞이하고
소망을 가득 담은 법당의 향불
독경소리 목탁은 업장을 해탈한다

부처님의 도량으로
중생들 길을 열어주는 금화사
업장을 벗어놓고 떠나는 영혼들
극락왕생을 위해 해수관음보살은
약물로 씻겨주고 있다

고행을 끝낸 영혼들
아름답게 쉴 곳으로 인도한다.

긴 밤

뒤척이던 검은 밤
천 리 길을 갔을까

잘라내고 돌아서도
별들이 뿌려놓은
한 줌 추억

세월의 수레바퀴 속으로
사위어 가고

욕망의 조각들
갈기갈기 부수어도

가슴은 돌덩이 처음 그대로
통증을 앓는다

어긋난 길
살 저미는 아픔 따윈
강물에 띄운다

아무리 뒤척여도

불변의 무게
나
다만 여기 서 있는가.

꽃신

마냥 아긴 줄 알았는데
뽀송뽀송 예쁘게
훌쩍 컸다

새싹이 잘 자라듯
손녀딸 진이는
껑충껑충 자란다

꼬까신을 신고
아장아장 걸을 때가
엊그제 같은데
다람쥐보다 잘 달린다

어느새 진이의 가지에
꽃이 피고
열매 달리는 꿈을 꾼다.

눈 내리는 밤

하늘은 큰딸을 시집보내려는가
밤새워 솜을 타는지
온 세상이 솜에 덮였다

지붕도 나목도 두둑이 덮고
겨울을 잘 견디고 있다

눈꽃을 피운 나목들
바람이 흔들며 종소리를 낸다

마음에도 눈이 쌓여
눈꽃을 피우면
모두가 진실해지겠지

한 점 부끄러움 없이
깨끗해진
아름다운 세계가 멀리 보인다.

2부
봄비 오는 날

봄비 오는 날

봄비가 밤새 내렸다

산꼭대기에서
골짜기를 타고
개울로 흘러 흘러서
논두렁 밭두렁을 적시고
샛강으로 달음박질친다

어디를 갈까
저리 바쁘게도
친구를 만나려는가
사랑하는 연인을 만나려는가
약속이나 있는 것처럼 바쁘게 달린다

바위에 부딪쳐 깨지고
푸르게 푸르게 청색들 물들이더니
거친 큰 강으로 떼 몰려 찾아간다

시내 샛강을 거치며
맑은 물 흙탕물에 섞여서 대가족을 이루어
쌈박질도 안하고 한몸으로 흘러간다.

폭설

하늘길 막혔다
바닷길 막혔다
땅길도 막혔다

눈 속에 발이 묶여
너에게로 갈 수가 없다

때를 기다려라
순리대로 살라고
하얀 경전으로 가르침을 준다

아무리 추워도
땅속에서 봄을 기다리는
초목들에게 배우란다

침묵하는 시간들
묵언정진의 해탈이다.

꽃 문 여는 환상

사월이면 벚꽃은
사람들 설렘으로 피워
구름 속 꽃길을 헤맨다

봄비에 젖어
밤새 울먹인다

인고의 세월 앞에 연분홍치마
홀랑 벗고 씨앗만 남긴 체
푸른 바람 따라간다

그 사랑 빨갛게 익으면
뭇 새들이 똑 따먹고
산속으로 날아가 사랑할 것이다

봄이면 연분홍 미소로
우주를 흔들어
온 세상이
사랑으로 일렁인다.

동래차밭골에서

해마다 오월이면
녹차는 새 이파리를 낸다
대죽 토닥거리는 소리에
맑은 정신을 지어
맑은 영혼을 선물한다

찾아온 길손들
차향에 심신을 녹인다

차를 나누며
더불어 살아가는 지혜
향기가 하늘로 오른다
나도 자연스레 자연이 된다.

동백꽃

기다린다는 것은 아픈 시간이다
눈 속에서도 절개를 지킨
멍든 가슴이 빨갛게 피었다

임 계신 곳으로
온몸을 던지는 절개의 꽃이다

동백을 바라보는 동박새도 아프다
저를 외면하는 동백을
곁에서 지켜주며 겨울을 함께 난다

속울음으로 견딘
사랑의 씨앗만 남겨두고
훌쩍 몸을 던진다
낙화암의 삼천궁녀 같다
동박새 울음소리
바다 건너 이어도까지 들린다.

두물머리에 핀 연꽃

햇살이 부서지는 하늘 아래
흘러 흘러
두물머리가 서로 만난다
손잡고 같은 꿈을 펼친다

역류의 시간을 품고
여린 연잎이 꽃대를 올린다

진흙 속에서
향기를 지어내는 연꽃
고단한 삶속에서도
희망을 짓는 꿈수저 같다.

노을과의 만남

고향을 찾아가니
국화향기 진동하고
코스모스는 버선발로 반긴다

검푸른 바다는 날개를 치고
갈매기는 무리 지어 군무를 추는데
노을이 붉게 펼쳐지는 장관을 보았다

갈대는 삭풍에
가누지 못한 몸을
마구 흔든다

금빛 쏟아지는 바다를 보며
두 손 모아 소망을 빌었다

꿈이 이루어질 것만 같아
365계단을 단숨에 오른다.

마추픽추에서

'늙은 봉우리'라는 뜻의 마추픽추
위대한 제국의 최후의 도시
하늘이 벗어놓은 태양신의 거처는
광활한 고산 위에서 저물고 있다

도륙 당한 자유를 찾아
높고 깊은 산속에서 숨바꼭질하던
도시는 앙상한 뼈만 남아
영혼들만 흔적을 지키고 있다

그들의 지혜와 성찰은 가슴에 스며들고
그 위용은 세계인들을 놀라게 했다
명석한 두뇌와 진리는 슬픈 역사로 남았다

인간의 탐욕 속에 사라져버린 잉카문명
돌 틈 사이로 묻혀버린 잉카족
바라보이는 와이나픽추에 콘돌이 날고 있다
커다란 날개로 상처를 덮으려는 듯
마추픽추를 향해 내리꽂혔다.

매화동산

칼바람도 끝내 이겨내고
희망으로
봄을 붙잡는 등불

마중물이 되어
눈서리도 마다않고 봄을 이끄는
초봄의 함성

설중매의 한은
바다에 서리서리 풀어
굽이치는 설음
녹아내리는 청매

살포시 찻잔에 앉아
심온의 맑은 향기 가득 채운다

향기는 깊어
푸른 하늘 기운을 품는다.

＊심온深穩: 깊숙하고 고요함

먹구름 낀 날 오후

가뭄에 등짝이 말라붙은 담양호는
쌍용의 등을 타고 물 길러 가고
장어들도 목 축이러 갔는지
수족관이 비어있다

오랜만에 먹구름이 몰려와
서녘 하늘을 휘감고 노을을 삼킨다

뼛속 울음을 우는 듯
태풍 속에 천둥번개가 휘몰아친다

밤비에 대지의 가슴은 오지게 젖고
농부의 가슴도 흥건히 젖는다
덕분에 내 마른 가슴도 목을 축인다.

무등산의 오후

작열하는 태양
뜨거운 햇살을 피해 사람들은
무등산 아버지의 품으로 모여든다

그늘에 헐떡이는 가쁜 숨 내려놓고
바위틈 석간수에 발을 담그고
생명의 물줄기에 영혼을 식힌다

무등에 몸을 맡기니
어머니의 품처럼 보듬어준다.

눈 오는 날 친구들과

흰 눈이 곱게도 내렸다
친구들과 합창하러 가려는데
엄두를 못 내고
마음이 갈팡질팡이다

창밖에는 대한이라고
펑펑 함박눈이 내린다
타임머신을 타고 소녀가 된다
마음은 벌써 눈밭으로 간다

친구들과의 합창은
행복을 주는 하모니
행복을 꿈꾸며 설렌다

눈이 쏟아져 앞을 막는다
월출산 풀치재를 넘어서니
따라오던 함박눈은 그만 돌아선다
대흥사는 빙판길이고
케이블카를 타려는데 사람이 없다

눈가는 곳마다

흰 눈을 뒤집어쓴 설국이다

친구들과 나들이 합창을 하고
설렘을 슬며시 눈밭에 두고 온다.

두오모 성당에서

아름답다는 말이 부끄러운 곳이다
신이 잠시 인간에게 손을 빌려 주었을 것이다
외경심이 절로 든다
신은 곳곳에서 자신이 만든 인간이
얼마나 대단한지 탄성을 지르실 것이다
135개의 첨탑이 하늘을 찌르고 있다
믿음이 게을러질까봐 하늘을 찌르고 있나?
자세히 보니 첨탑의 끝에는 성인들이 서 있다
저 높은 곳에서 두 손을 벌리고
인간 세상을 보호하고 있다
저 조각상을 만들기까지
얼마나 많은 성도가
이 많은 세월에 기도를 했을까
그 정성이 하늘에 닿아
하늘나라 아버지께
소망은 날개를 달고 상달되었을 것이다.

바람 끝에서

바람 끝에 서서 바람을 맞는다
바람은 불어가면 끝이다

갈망의 길 위에서 바람을 부른다
기다림은 시간의 굴레에도 줄어들지 않는다
유영하면서 모른척한다

마음의 호수에 내려앉은
청둥오리는 고요를 휘젓는다
마른 잎이 떨어지며
또 한 번 가슴속을 뒤집어 놓는다

호수는 앓아누워도
속마음은 여전히 바람을 기다린다.

바람의 길

가고 싶은 곳이 참 많았다
날개를 달고 구름을 타고
산을 넘고 바다를 건너고 싶었다
태풍이 되어 된통 점령하고 싶었다

들판을 쓸고 떠돌다가
강에서 숨 한 번 고르고 일어나
철조망을 넘어
북쪽 하늘을 만지고 싶었다

윙윙 우는 소리를 내며 종횡무진으로
줄행랑치다가 쓰러지다가 꼬리를 물고
어디든 가고 싶었다

심장이 찢어질 듯
혼신의 힘을 다해 떠돌다가
지친 몸을 간신히 끌고 와
무등산 가슴에서 포근히 쉬고 싶었다.

복날 오후

화순약산 흑염소 집
젊은이들은 고봉으로 먹고
부모님 모시고 온 부부는
효심을 배불리 먹고
노부부는 영혼의 집을 위해
염소를 훌훌 털어 넣는다

삼복더위에 온몸은 불화로고
입맛은 쓰디쓴 소태다
동병상련의 친구를 꼬드겨
흑염소에게 무더위를 팔러 왔다

밀물처럼 들어와 흑염소에게 빚진 사람들
썰물처럼 빠져간 자리는
뚝배기 탕그릇들만 덩그렁 비었다
산등성이 타고 오르며
살농사 지은 흑염소는 모두 퍼주고
외양간은 텅 비었다.

만연산 둘레길

앞선 여인은 차 바구니 들고
뒤따른 여인은 돗자리 들고
한 여인은 알밤 싸들고
시인은 시혼을 들고 오른다

임 오시는 길
초록 치마에 달빛 저고리
노오란 꽃술 한 아름 머리에 이고
녹차 향 풍기며
여인들 마음을 살랑인다

소나무의 당당한 푸름에 끌려
여인들은 솔밭에 자리 깔고
차를 따라 정을 담아 주니
솔향이 곁에 와서
저도 한자리 끼어든다

구절초 마을 초막집 마당
곱게 분단장한 구절초 품에 안겨
벌 나비 사랑을 입맞춤한다
나그네 가슴도 마구 설렌다

소슬바람에 나뭇잎은 떨어지고
나무는 몸 태워 공양하는 가을
귀뚜라미는 세월을 물레에 걸어
밤늦도록 가을을 잣고 있다.

브라질 슈거로프 산

부를 상징하는 아름다운 산
자연이 준 최대의 선물 아마존의 정글
큰 나무에 붙어사는 난초
하늘을 향해 공존하는 생명들

이만 명이 기도하는 원통 신전
역사와 전통으로 신령한 성전
하늘바다에 떠있는 예수님 상은
하나님 아버지께 세계 평화와
사랑과 행복을 위해 찾아왔었다

디오 빵 산의 기적
억만 년 전에 솟아올라
부를 창출할 수 있는
산을 본다
배가 부르다

생명의 양식을 얻는 산
도심 속 희망을 주는 산
환호성이 폭포처럼 쏟아진다

대서양의 기를 받아
하늘 아래 영산 만물상이여
브라질 운명을 보는 듯하다

불면증

동백꽃잎에 피멍이 들어
빨갛게 가슴을 태웠다
인고의 시간은
응어리를
풀지 못하고
밤새워 울고 있다

영혼의 흐느낌인가
천정을 배회하는 불면의 시간

잠의 깊은 가슴에 묻히고 싶다

양 수천마리를 세어도
기다림은 외로움으로 메아리 되고
눈을 번쩍 뜨고
공허 속 무한을 헤매고 다닌다.

산수유

영원불멸의 꽃
노랑꽃
너를 만나기 위해
날 받아 놓고
길을 나섰다

먼 길 달리고 있다
너는 길섶에 노랗게 피어
노랑 웃음 흘리며 기다리는데
차들이 길을 막아 갈 수가 없다

지리산 자락 언덕에 올라
혼이 빠져서
나도 노란 꽃을 피웠다
산수유와 개나리와 함께 피었다

평화를 위해
노란 꽃술을 뽐내는지
키 작은 수선화도
바람 만나 춤을 춘다.

상현달

꽉 차지 않아도 환한 달
옷 입고
달빛
환한 얼굴로 임 마중 나왔다

다소곳이 수줍어
감춘 그리움
귓속말로
바람 몰래 소곤거린다

보름달을 만날 날을 헤이며
헤어져야 하는
상현달의 낯빛이 처연하다

만나면 헤어지는 세상 이치를…

가슴에 응어리 차면
할 말은 마구 산처럼 쌓인다.

3부

가을 무등산

서다인 손녀에게

천사의 웃음
밝은 마음
맑은 사랑
세상에 한 발 내딛는 다인

함박꽃처럼
가득 웃음을 피운 아기

눈망울엔 희망이
송알송알 달리고
입가엔
환한 행복이 번지고

세상을 놀라게 할 꾀꼬리
모든 사람에게서
사랑을 끌어내어
꿈을 심어주는 예쁜 손녀…

바다의 진주처럼
영롱한 아기꽃

-할머니가

서채은 딸에게

내 수족 같은 딸
눈부처로 떠있는 딸
가슴에 들어온 내 딸

영혼까지 들어온 너이기에
풍성한 가을처럼
나에게 다디단 선물이란다

품안에서 어리광 부리던 아이가
이젠 제법 컸구나

진실한 사랑을 만나
모서리 없이 둥그런
그런 사랑을 해야지

인생 자동차를 멋지게 운전할
내 사랑스런 딸아.

설중매 · 2

눈폭풍이 몰아쳐
하늘 길을 막고
세상을 덮었다

눈을 하얗게 머리에 쓰고
시련을 견디며
홍매는 다소곳이 얼굴을 내민다
눈은 인정머리 없이
홍매의 얼굴을 뒤덮는다

몸부림치는 기다림 속에
바람은 침묵하는데

쓸쓸한 마음 한구석이
눈 속에서도 계속 피어난다
온통 세상이 환해진다.

성전 앞 호숫가

예수님이 보혈로 우리 죄를
씻어주시는 것처럼

검게 탄 살갗을 찢고 나온
설중매는 무슨 죄를 지었던가

원죄를 용서받기 위해
호숫가에서 무릎 꿇고
핏빛으로 자복하고 있다

세례를 기다리며
기도하는 홍매화

성전 앞 매화 동산
호수에 반추된 화신들
성경을 몸에 기록하고
말씀말씀 꽃을 달고 기도하고 있다.

가을 무등산

노랑 초록 빨강 단풍꽃
무등산은 색색으로 갈옷 입었다

누가 저리도 곱게 물들였을까?

무릎이 아파 갈 수가 없었는데
마음은 벌써
주상절리를 휘휘 감고 돌아 나온다

눈 맞추고 흥에 젖은 가슴
설렘만 가득하다
가을에 접어든 무등도 무릎이 아프겠지
나는 서석대를 바라보며
중머리재에서 무등의 무릎을 쓸어주는데

늘어진 당산나무가 내 무릎에 손을 얹었다.

쌍계사에서

오던 비도 되돌아가는 날
쌍계사에 갔다
백중이라고 부처님께
건강 부탁하러 갔다

동행의 길목에서
우정을 나누는 친구들

계곡물로 한여름을 식혀가며
콸콸 온산천을 건너고 있다
초록빛 반짝이는 잎새 사이로
거울처럼 맑은 물에
여인들의 웃음꽃이 둥둥 떠간다

친구들은 풍덩풍덩 뛰어들고
웃음소리 허공에 수를 놓으며
물 만난 고기처럼 즐겁다

정처 없이 흘러가는 물길을 따라
눈길은 무진무진 달려가는데
내 마음은 우뚝 멈추고 말았다.

안개 속 영혼

물안개 속 내 영혼은
푸른 숲속 언덕에서
파도를 타고 미로를 넘나든다

폭포에서 쏟아내는
맑은 물소리
청산은 영혼을 헹구며 어루만져 준다

내 안의 파랑새는
피울음을 쏟으며
창공을 차고 올라
지구 밖을 유영한다

안개 속에서 헤매다가
붉게 타는 노을 속에
당신이 손쳐 부르면
바람 따라 가리라.

숲으로

적막이 흐르는 시간
자연은 푸른 불을 켜기 위해
여기저기 봄을 부르고 있다

편백 숲 소나무 숲 밀집한 마음들은
음이온을 살갑게 내어 주고
사람들 발걸음에
귀 쫑긋거리며 하늘을 향해
울창한 푸르름으로 솟구친다

전망대에서 한숨 고르며
청산은 의구하더니
마음 닦아 티 없이 살고 싶다는

세월 강 넘어 영봉을 오르니
까마귀 나는 창공에다
환한 웃음 기울이며
삶에 지친 영혼을 비추고

쌓여가는 인연 속에
끈끈한 정을 느끼며

숲의 울창한 기운을 받아
황혼도 청춘처럼
행복하기를 기원한다.

신림 교회
-무등산을 품은 하나님의 성전
 작은 거인 이전규 목사님

목사님은 성령님의 힘을 받아
하나님 말씀을 은혜롭게 설교한다

성도들의 마음을 열어
침잠된 영의 눈을 뜨게 한다
시온찬양대원과 성도들
찬양의 하모니는
하나님께 기쁨으로 상달 된다

목사님의 기도는 성령의 옷을 입혀주고
삶의 지혜와 에너지를 솟아나게 한다

하나님 사랑 안에서
생명의 양식을 정성으로 먹여주니
감사의 기도가 절로 커진다
구원을 받아 은혜 속에서
영혼도 사랑을 받으니 행복해진다

삼복더위 때는 이웃 어른들께
촌닭으로 건강을 챙겨드리고
사랑을 효심으로 퍼주는 아름다운 교회

동짓날이면 팥죽으로 긴긴밤을
잘 보내라고 건강을 챙기는 교회
새파란 젊음을 바쳐온 심령으로
하루하루 성도들의 희망이 싹트는 교회

성자 오방 최흥종 광주 최초 목사님의 헌신과
봉사와 열정은 아름다운 사랑의 몸짓이다

초대 목사님의 하나님 사랑을 전수받은 사명
베풀고 행복을 나누며 사랑을 실천하는
67년의 역사로 사적지가 된 교회다.

신안 임자도

수백만 송이 튤립의 향연
연분홍 벚꽃 길
화사함은 절정을 걷는 꿈길이다

섬, 섬을 지나
임자도로 오가는 사람들
사람바다를 옮겨다 놓은 듯
바다 위에 사람의 섬이 떠있다

송이송이 망울망울
아롱다롱 모인 꽃잎에
내 눈은
꽃들의 노예가 되었다

꽃길을 돌고 돌다가
유채꽃 한들거리는 몸짓에 감겨
그만 노오란 품에 안기고 말았다

아련한 구름처럼
낭만을 찾아
회전목마는 연신 허공을 달린다

발걸음 팍팍해서 정자에서 한숨 돌리다가
나도 저토록 고운 시절 있었지
밀물 같은 회한이 굽이쳐온다
아름다운 시절이 시나브로
시들면
꽃이 지듯 회한도 시들어 갈까.

아이러니 카리스마

진실 앞에 무릎 꿇어라
교만과 과시 상대들
징벌을 받아야 마땅하다
절대로 용서치 않으리라

인간은 마음을 나누려면
진실을 서로 마주 세우면 된다
이율배반 그것은 아이러니
거짓은 실망을 낳고 낳는다

거짓의 옷을 입고
진실을 덮는 인간
인내와 배려와 신뢰가 있는
사람의 사랑만이 새 울고 꽃 핀다

얼렁뚱땅 구렁이 담 넘듯이
살아가는 철면피 이중인격자는
더 이상 바라볼 여지가 없다

거짓으로 포장한 인간은
휴지조각 같은 쓰레기

한 번 쓰고 버리면 그만이다
소각시키면 모든 것이 끝이다

슬퍼도 외롭지 않으면
오히려 홀가분하게 두 팔 벌리고
진정 끈을 놓을 때가 오리라.

어머니 영전에서

국화 꽃잎 하얀 눈물로
송이송이 맺히고 서러움 녹아
당신 가슴에 심지 박아 촛불 켜시고
하나님 곁으로 홀연 가셨다

그 세월 땅에 놓고
모진 풍파 36년 홀로 걸어온 길
한숨은 바위 같아 땅이 꺼지고
가슴은 숯이 되어 까맣게 탔으리
그러던 어느 날
하나님을 영접하여
슬픔과 외로움을 모두 맡기셨다

장성한 육 남매 시집 장가보내고
비바람 된서리로 사셨으리
암이란 몹쓸 불치병으로
또다시 아픔을 견디시다가
기도하고 기도하던 천국으로 떠나셨다

따뜻한 체온 나에게 남겨놓고
떨어지지 않는 발길로 떠나가셨다

옷 한 벌 지고 가는 세상
다 버리고 가건만
그리움은 하늘이나 이승이나 한결같으리.

오동도

바람을 가르는 갈매기
옛 임이 오시는가
반가움에 끼륵 끼륵
바다가 오시는가

파도가 무언의 몸짓으로
반갑게 다가선다
순간 그리움을 꺼내어
가슴을 일렁이니
옛 추억을
메아리 만들어 되돌려 보낸다

멍게와 해삼이 소주를 만나니
앞바다를
모두 다 둘러 마실 것만 같다

동백섬 선홍색 꽃잎
수많은 사연들이 가슴앓이 하며
소쩍새처럼 애달피 운다

전설에 빠져 돌아 올 때

분단장 하던 벚꽃은
언제나 다시 오실랑가
오동도는 나의 연인
기약하고 가라 한다.

영해공원

자연에 순응하면서
추억은 시간을 접는다
사랑은 구름 위를 계속 날아서
마음 속 빈자리로 걸어 나온다
행복은
시간의 사슬을 오래 끌고서

노을 가득 내리는 평온한 들녘
사람들은 그곳에 보금자리를 틀고
황토밭 꿈들을 토실토실 키웠다
영해 바닷가 백사장 솔밭 사이로
파도는 밀려와 모래톱을 흔들다가
정적만 남기고 사라져 간다

먼 그리움이
바다 속을 유영하는 시간
침묵은 허공에 들어 졸고 있다.

-무안

요양병원

세상을 고스란히 비워내고
마지막을 살겠다고 요양하러 왔네
흰머리 숭숭, 낙엽이 날리네
삶의 질곡에 순응하면서
젊은 열정의 세월은 오간 데 없고
자식들 둥지 만드는데
마음 밭도 몸 밭도 모두 주었네

버거운 짐 내려놓은 자리
뼛속은 바람만 불어도 시려
몸 하나 간수 못하는 서러움은 덩어리지고
몰아치는 눈보라에도 자식 걱정뿐이네

하늘 문이 열릴 때까지
영혼은 하늘 끝만 바라보네
기다림도 외로움도 옷깃 속에 숨기고
톱니바퀴에 걸린 세월
바람처럼 오가는 인생
허공처럼 구멍 뚫린 텅 빈 가슴
따스한 햇볕에 앉아 세월만을 데우네.

울릉도

아름다운 돌요새
들여다보면
바위들 구멍마다 생명이 산다

척박함도 뿌리내리면
한 몸이 된다
수 백 년을
마다않고

바람의 칼질에
천 가지 만 가지 형태로
깎아지른
절묘한 풍경

해녀들 숨비소리
파도를 뚫고
시간에 몸을 맡긴
자식들을 위한
끝없는 물질.

월출산

장대한 꿈을 꾸는 월출산
달도 뜨면 한참을 쉬어간다

천황봉 신령함에
칠치 폭포 무지개도
왕인박사의
큰 꿈을 펼친다

월출산 자락에
살아 숨 쉬는
영암 벌판을 펼친 생명의 땅

달빛은 온 인류를 위해
월출산과 아리랑을
한자리 오케스트라로 합주한다

달의 정기를 받은 하정웅 화가는
월출산의 아름다움을
꿈같은 판타지로 풀어냈다네.

윤선도 유적지에서

임은 아니 보여도
흔적은 남아
후세의 간절한 꿈
가슴에 눈가에
오롯이 머문다

긴 세월 곧은 정신
버티고 선
붉은 육송
선비의 곧은 집념
그날의 의지가 선하다

앞산 바위에
선비의 심상을 올려놓고
하루에도 몇 차례
가슴 문을 열었을까

녹음방초에 심신 묻으며
털어낸 기침소리는
구름이 되었으리.

은행

바람이 노랗게 물들어간다
은행은 영글어
땅바닥 멀리 철없이 떨어진다

아무도 줍지 않는다
자동차가 뭉개버리고
사람이 밟아버리고
썩은 똥냄새만 땅바닥에 가득하다

옛 충장로 길엔
알밤과 은행 알을 튀겨
"한 봉지에 천원, 천원"
못이긴 척 사들고
한 알 한 알 씹어 먹으면
쫄깃쫄깃 사랑이 씹히고
단맛 나는 추억들이 있었는데

구수한 추억은 어디로 갔는지
은행알은 짓밟히고
그날의 낭만은 혼수상태다.

장 내시경

스크린에 '준비 중'이라고 뜨더니
갑자기
'수술 중'으로 뜬다

깜짝 놀란 가슴은 마구잡이로 뛰는데

시간과 고통과의 싸움
아직도 '수술 중'

걱정의 시간을 뛰어넘어
어찌 된 일일까
불안 불안하다

마음은 깊은 물에서
연거푸 허우적대며 지푸라기라도
잡을 심산이다

하나님을 붙잡아야겠다는
마음에 기도를 한다
생명을 구애하며 시간을 죽인다

죽음의 선을 넘다가
문을 못 찾아 뜬구름 속
이내 회복실로 돌아온다.

장애인 축제

신의 축복으로 태어난
천사들, 장애인

그들의 모습에서
내 모습을 볼 수 있다
겉모습은 성해도
영혼은 비틀거리는 나

그들은 힘겨운 삶을
기쁨으로 노래하며
하늘을 찬미하고
맑은 눈동자로
세상을 바라본다

하나님 사랑 외에는
욕심도 명예도 모르는
아름다운 존재들

미움도 시기도 외면한 채
선한 마음으로 오직 사랑만을
실천하며 살아가기를…

4부

귀뚜라미 사랑

귀뚜라미 사랑

가을을 데리고 온 귀뚜라미
밤새워 연인을 부른다

별들은 얼굴 붉히고
직녀도 베틀에 올라
밤새워 오색단풍을 짠다

나그네 외로운 마음도
소슬바람 물레에 걸어
사랑 노래를
밤새워 물레처럼 돌리고 싶다.

진도 남망산 웰빙 등산로

세월을 먹고 살아온 여인들
건강을 먹자고 언덕에 오르니
쪽빛바다엔 금줄 쳐있고
하늘엔 낭창히 쪽빛물결이 떠있네

숨 한번 고르자고
거북 바위에 불려가
거북등을 타고 날갯짓하면서
오대양 육대주를 날고 싶었네

허공을 헤쳐 온 메아리
나비처럼 동백 꽃잎에 앉아
붉은 입술로 사랑을 고백하고
수많은 사연을 보듬어 올리니
떨어진 꽃잎들은 설음에 젖었네

전설 느티나무에서의 인연
속마음을 감추는데
산 총각을 만나 혼을 쏙 빼네

홍주에 홀린 여인들

농어를 건져 술 한 잔을 건네니
하늘을 날 것 같은 마음
사랑가를 연신 부르네.

지팡이

친구가 사랑을 담아준 지팡이
산에 갈 때면 앞에 나서고
어언 20년을 함께 했었다

문 앞에서 하염없이 기다려주고
한 짐 짊어진 산길을
헐떡이며
힘을 실어주었는데…

식당입구에 기대두고
그냥 잊고 왔다

아뿔싸! 생각이 나서
헐레벌떡 찾아가 보니
누굴 따라갔을까

함께한 수족 같은
너의 인연이 여기까진가
여의봉처럼 허공에 떠서
영영 지울 수 없도록 눈에 밟힌다.

채석강의 오후

억겁의 세월을 모른 척
너울너울 춤을 추는 나리꽃
심술궂은 파도는 달려들어
펼쳐든 책갈피를 찢어내고 있다

뜨거운 구들장 같은
바위에 몸을 뉘이고
추억을 배 만들어 바다에 띄운다

유영하는 고기떼들
추억에 추억을 물고 꼬리치니
어느새 갈매기가 낚아채어
하늘 높이 용 오른다

수면 위로 댕기머리 늘어뜨린
낙조의 산발한 오후의 늦은 시간
황금빛에 젖은 몸
타는 가슴을 파도가 씻어주니

밤바다 검은 파도는
바람 만나 서늘하다
별빛을 헤며 온밤을 철썩이고 있다.

초승달

하늘 공원을 쓸고 가면
초승달은 당신이 가신 자리
환하게 물걸레로 닦습니다

바다 위에서 물 한 모금 마시고
산 넘고 강 건너
하늘에 걸린
붉은 낙조는
활활 타던 그 사랑
하얀 눈물을 적시며

잘 가라고 초승달을 손 흔듭니다

칠흑 같은 밤하늘
별들의 강에서
외로움도 멀리하고
노櫓 저어가면
초승달은
당신을 기다립니다.

달맞이꽃

설레는 가슴
한구석
그대에게 기대고 싶네

쏟아 부은 열정
아린 시간들 다 잊고
웃음꽃으로 피어나는 시간

몸부림치는 꽃물결 사이로
바람은 가녀린 손사래를 보내고
치맛자락을 끌어당기네

둥근 달무리에 앉아
소쩍새 우는 깊은 밤

달빛을 길러
그리움 수놓아
임의 옷 지으려네.

토지 문학관

최 참판 댁으로
구름들이 몰려왔다
산천은 경치가 수려하여
산간에 넋을 묻고
비로소 토지 속으로
돌아온 박경리 선생님 동상

차진 땅의 기운을 받아
생명을 불어넣는 자연의 섭리
병풍처럼 둘러쳐진
산간의 온기로
이어내린 삶의 터전

반짝거리는 푸른 섬진강
민족의 한시대가 흘러갔다

문인들의 귀감이 되게
선생님이 다시 나타나시니
동상 제막식 때는
하늘도 감동하여
먹구름도 굽어보며 그냥 지나간다

까만 밤하늘에
강물이 흘러
내 마음 시의 행간을 가득 메웠다
문인들의 눈빛이여
별이 된 사람들이여
햇빛도 바람도 빛이 났었다.

토지의 사랑

대청마루 그 사랑
서희와 길상의
사랑
섬진강 들녘을 훤히 밝히는 지등

하루가 멀게 오실 것만 같아
해는 들녘을 다 쓸고
걸터앉은 서산마루에
노을은 꽃가루 같은 한숨만 뿌린다

오시는 이 길 저 길
달빛은 가슴 쓸어내리고
떨리는 문풍지 울음은
오매불망 애가 탄다

소나무 마음 적신 그 사연
수선화 고개 숙인 그 허리
노란 소식만을 기다린다

밤이슬 맞으며 맞으며
온 밤을 두루마리 삼아
한 채반 구름에 소식 띄운다.

파도

먹구름에 묻혀버린
상처를 때리며
너는 이날까지 통곡 하느냐
이 가슴 저 가슴을 치고 또 치고
한 많은 슬픔을 품어주던 파도야

세상사 태풍에 휘둘려도
바위에 부서지는 아우성은 울음이라
그리 슬피 밤을 새워 우짖고 있느냐

그 밤이 그리도 떠나기가 무섭더냐

창해엔 소리 없이 별이 내리고
언제 그랬냐는 듯
바람 따라간 파도야 소매깃을 접어라.

피렌체 베끼오 궁전

조각들이 웅장하고 고풍스러운 아름다운 궁전
천정화와 벽화는 천재화가들의 손끝에서
예술의 극치가 몇 번이고 태어났다
화려한 색상에 살아 있는 그림이 그려졌다

파이날 공연은 세계인의 축제였다
멋진 궁전에서 연일 공연이 시작되었다
한복을 곱게 차려입은 광주 여협합창단원들
새색시처럼 '새야, 새야, 파랑새야'를
부르고 부르고 부르고 불렀다
아름다운 멜로디가 궁전 안에 퍼져 나가
세계 사람들의 눈과 귀를 매료시켰다

이탈리아 합창단원과 여협단원이 함께 부른
아리랑 하모니는 박 지휘자님의 열정적인
지휘로 더 한층 울림이 컸다
동서양 최상의 화음이 베끼오 궁전을 가득 메웠다

이탈리아, 러시아, 일본의 성악가, 오페라단원
세계에서 온 합창단원들이 함께 했다
우리 합창단원들은 재삼 재사 한국의 위상을

심호흡에 가슴을 펴고 하늘까지 높였다
칭송과 박수가 우박처럼 쏟아졌다
'아리랑'은 세계인의 마음을 흔드는 대지진이었다.

포스코 성당

탐욕 때문에 무너진 잉카의 문명
푸른 정글 속 그 아픈 영혼들
하늘에 오르는
성스런 가톨릭 성전이 우뚝하다

한 많은 이곳에 예수님이 내려와
씨암탉처럼 산 아래 도시를 품고
지금도 손 모아 기도하고 계시리

성스런 성전에서
평화와 안녕을 기도하며
스페인의 탐욕을 멸하게 해달라고
빌고 있는 잉카족의 후예들

슬픈 역사를 눈물로 말려
오롯이 살점 뜯기는 세월이다
눈물 뿌리며
이산 저산을 전전하다가
정글 같은 바다 속으로 사라졌을까.

하늘 소금

하늘까지 닿을 듯한 높은 산
구름을 허리에 감고
붉고 넓은 땅
윙윙 바람이 쓸어가는 평원

바다가 솟아 하늘에 닿았다
바닷물이 억만년의 소리로 흘러
밀어처럼 귓속으로 스며든다

짜디 짠 소금물
햇살을 만나
붉은 자갈 아래
소금밭이 되었다
하얀 햇살이 내려와
소금꽃을 만든다

대자연의 극치를 만나니
하나님의 사랑과 조화는 만세삼창이다.

-쿠스코

하늘 운동장

달빛 찬연히
흐르는 밤
어제 돋은 달
운동장에 붙잡혀
초롱불이 되었다

그리움은
달무리를 만들어
뚝뚝 눈물만 흘리고

대숲에 부는
소슬바람
어느새
먹구름 되어 몰려오면

우듬지에
내린 찬비가
속울음을 울어댄다

하늘 운동장엔
그리움이 뛰노나 보다.

하늘 강

파란 강에 빠져
내 영혼은 어디로 갈까
우주를
향해 어디쯤을 가는 걸까?

영혼은 소리 없이
마음을 비우고
그곳엔 행복이
무아지경을 헤맨다

귓속을 흔드는
여울물 소리
봄이 오고
있다고
속살거린다.

함평 나들이

영혼의 시심을 캐는
영감의 촉을 세운다
영감의 눈을 뜨고 싶다

나이 든 소년의 눈썹
먼 바다
섬 기슭 머물 곳을 찾아
속눈썹 위의 나비 날개
놓칠 수 없는 순간들

지나온 톱니바퀴 속으로
빨려드는 시혼

가냘픈 수선화
흘러내린 치마폭에
가득 채울 것 같은
모국어를 시침한 시의 촉

틈새의 언저리에서
노래의 편린을 주워 담는다

-송수권 선생님과 친구와 함께

藝峰 박영철 단장님

황혼의 멜로디는
하모니를 만들어
꽃구름 타고 창공을 오른다

눈 섶 위에 미소는
추억 속 그리움 안고
꿈 실은 아름다운 화음으로
하늘가를 나는 기러기 떼처럼
가슴 차오른 영혼의 노래를
붉게 타오른 노을 속으로

평생 음악과 함께한
열정은 호랑나비 되어
건반 위로 사뿐거리며
천상의 화음을 만들어
여인들 가슴에 꿈길을
만들어 주는 단장님이다

지휘자 부부교수

독일에서 유학한 박병국 교수는
탁월한 음 감각의 소유자다
전공자도 아닌 40부터 80대 엄마들로
합창단을 꾸려서
훌륭한 여협 합창단으로 성장시키기 위해
열정과 정성으로 뭉친 훈련과 지도로
이탈리아 피렌체의
'국제 음악 예술 페스티벌 콩쿠르'에
참석할 수 있게 해주었다

이탈리아에 유학한 김혜미 부지휘자는
큰 실력을 합창단원들에게 모두 다 퍼주었다
아름다운 음색과 선율을 만들기 위해서
호흡 지도와 발성과 울림을 길 터 주었다

세계 페스티벌에서 광주 여협합창단은 3등하고
예쁜 한복을 입고 새야 새야 아리랑을 불러서
민속상도 탔다

부부의 하모니는 천상의 소리였다
하나님 사랑으로 두 딸은 꽃처럼 예쁘다

한 가족의 하모니는
하나님 사랑으로
아름다운 음악가 가족이 태어날 차례다.

그 길

소한 턱을 한답시고 칼바람이 매섭다
몸은 추워도 마음은 어느덧
추억 쌓기로 들어간다

눈 덮인 시간 속 여행

얼어붙은 조각상과 이야기를 나누다가
오손도손 노을 지는 시간을
사진에 담는다

해상 케이블카 공사가 한창 진행 중이다
마음은 케이블카를 타고
바다 위를 떠 간다

수문장 갓바위 앞에서
유년시절을 소리쳐 불러보는데
보슬비가 바다를 적신다

방어회 한 점에
쫄깃한 추억 한 잔을 부어 주었다.

운천 호수

옛 추억 찰랑하게
조각배 노 저으며
떼지어 구애하는
청둥오리가 노을로 사라졌다

화사한 연분홍 꽃잎으로
방실거리는 벚나무
그 아래
청춘들 사랑이 불붙었다

인산인해한 사람들을 구경하고
온 가족이 꽃구름처럼 풍성하다
호수 속에 빠진 낭만은
현란한 무지개 분수의 뮤직 쇼다

아름다운 꽃과 사람이
황홀경이다
달빛이 우주를 밝히고
예쁜 벚꽃이 서둘러 진다.

소풍 문인화

시간여행 속으로
자미 회원들의 꽃바람
벚꽃길을 따라간다

추억이 머문 모교를 지나
함평고는 이사 가고 학고가 들어왔다
시간 속 눈썹이 아스라하다

꽃 필 무렵 시비 앞에서 공곡 선생님은
예쁜 글씨에 아름다운 시
자식 고생을 함께한 시간에
소망이 모여서 꽃으로 피었다

달빛에 비친 모습이 마냥 설레고
벚꽃 흐드러진 위풍당당에
온몸을 끌어안고
아름드리가 흐벅지다

여인들 마음은 내년을 약속하고
코끝을 건드는 쑥 향에
나물 캐는 처녀여

꽃만 말고 내 마음도 함께 따 가 주
하얀 새가 날아왔다

한우 비빔밥에 시장 한 바퀴
국화빵 먹고
커피집에서 황란 작품도 보고
샘난 것들은 모두 사왔다.

형제 6인방

연둣빛은 반짝거리고
벚꽃잎이 흩날리는 오후
스카프 흔들리는 석별이다

꽃 필 무렵을 읊조리고
자식 성공을 기원하면서
춘삼월이 17번이나 흘렀다

이리도 빨리 갔는지
꽃바람에 감탄한다
감방 산자락에서
정승이 났다고 한다
내가 피운 자식 꽃이다

양파연구의 선구자를 만나러
무안에 갔다
대접이 융숭하다
피는 물보다 진한가?

신숭겸 장군의 후예요
신사임당의 후예들이
뭉쳐야 발전한다며 비전을 나눈다.

◆ 평설

직녀의 베틀로 짠 사랑의 노래들
- 신해자 시인을 찾아가는 길

김 종
(시인 · 화가)

 사람은 저마다 첫인상으로 각인되는 그 사람만의 이미지가 있다. 신해자(1945-)시인의 시작품 원고를 앞에 두고 문득 떠올린 생각이다. 필자에게 각인된 신해자 시인은 어떤 인상이었을까. 문병란 시인께서는 생전에 신해자 시인을 '보름달 여인'이라고 하셨다고 한다. 그 말씀은 그대로 그럴만하다고 여기지만 신해자 시인은 필자에게 단연코 '청춘'의 이미지로 다가온다.

• '그리운 금강산'을 열창하는 청춘 시인

 신 시인은 스스로도 자신을 시를 쓰는 시인이기 이전에 그랜드 무대를 누비는 '오페라 가수'쯤으로 생각한 것은 아닐까. 럭셔리한 무대복을 차려입고 두 손을 모은 단정한 모습으로 '그리운 금강산'을 열창하는 그의 모습을 보면 뛰어난 가창력은 물론이고 노래와 혼연일치된

한 예술인에게서 나이를 초월한 대단한 열정에 감복하게 된다. 시인은 이미 고희를 넘겼지만 주변과 어울리는 그의 면면에서는 여전히 짱짱한 청춘의 시간을 종횡무진으로 누비는 현역으로 다가온다.

신해자 시인의 인상적 면모에서 우리는 토마스 울만의 〈청춘〉이란 시를 떠올린다. 토마스 울만은 노래하기를 "청춘은 인생의 어느 시기를 말하는 것이 아니라 마음의 상태를 말한다."면서 "세월은 우리들의 이마에 주름살을 만들지만 열정의 마음을 시들게 하지는 못한다."라고 하였다.

대개의 경우 청춘의 시기는 "새싹이 돋아나는 봄철이라는 뜻으로 십대 후반에서 이십대에 걸치는 인생의 젊은 나이 또는 그런 시절"을 이르는 말이다. 북한에서는 수확이 한창 좋은 과수원을 '청춘 과수원'이라고 부르기도 하는데 이는 통상적인 것이고 청춘이란 사람에 따라서 얼마든지 달라질 수 있음을 의미한 것이리라. 어찌 수학적인 나이의 많고 적음이나 세월의 두께로 사람의 '노소老少'를 단정할 수 있겠는가. 토마스 울만의 노래가 아닐지라도 젊은 나이에 얼마든지 '애 늙은이'가 있는가 하면 노년에도 '청춘의 세월'을 구가하는 이를 우리는 주위에서 얼마든지 볼 수 있다. 바로 신 시인이 그 말에 부합하는 시인인 것이다.

시인에게는 그 시인만의 합당한 기질적 특징이 있다. 어느 누구든 그러지 않을까만 신 시인은 특별히 여느 사람과는 남다른 '그리움'과 '사랑'의 정서가 풍성하고 다기다양한 사람이다. 필자가 얘기해오는 말이지만 시인은 통상적으로 '그리움을 팔아먹는 장사꾼'이다. 시인에게 그리움이 고갈되면 그날로 시인은 장사밑천이 바닥난 백수건달이 된다. 그래서 나이에 관계없이 시인에게는 가슴 뜨거운 열정이 있고 지구 끝까지라도 들고 메고 찾아다닐 무량한 그리움과 열정이 있다.

시인이 언어를 다루는 대단한 권력자라는 사실 또한 필자가 되풀이 말해온 필자만의 고정 트랜드다. 언어를 다룬다는 점에서 시인보다 거대한 표현의 재량과 권역權域이 존재할까. 적어도 시인에겐 언어를 다룰 사통팔달한 권력이 허용된 터로 쉘리 같은 시인도 『시의 옹호』라는 자신의 저서에서 시인을 "비공인된 입법자"라고 하였다. 공식적으로 인정하지는 않았지만 자신에게 부여된 시인의 사명으로 언어의 법을 만드는 사람이라는 의미일 것이다. 그리하여 시인은 그 같은 언어적 권력 위에 끊임없이 운율을 풀어 노래하고, 사물이 지닌 이면의 의미를 찾고 그에 맞는 리듬을 고르고… 그리하여 전혀 새로운 자신만의 세계를 창조해낸다.

시인이 이 같이 사물의 의미를 새롭게 재창조하는 이면에는 기실 창조주와 동일한 기능을 엿보게 한다. 여기에다 시인이 여느 사람과 다른 점은 유년에 겪은 일들은 세세한 부분까지 복원해내는 특별한 기억력의 소유자가 시인인 까닭이다. 신해자 시인의 작품에도 시인이 살아온 어머니와의 일들이 노래되고 있었고 그 첫 번째 자리에서 만난 작품이 〈길갓집〉이었다.

언제나 내 꿈은
두 동강이 나버린다

반쪽은 스러져 묻히고
반쪽은 나를 품어준다

나는 감방산 자락에 쓸쓸히 서 있다

길갓집에 살면
소문이 심장을 떼어 간다고
동네 아낙들은
입방망이질 해댄다

고향 산자락에
먼지처럼 떠도는 풍문들로
귓속이 울어대다가
가슴이 뜨거워진다

꽃들의 희로애락도
만나보지 못한 채
슬픔마저 고단해지는
하루를 접는다

금세 어두워지는
산은 밤이 깊을수록
서로를 부둥켜안은 채
온기를 나누고 있다.

－〈길갓집〉

시인이 사는 곳은 함평 자풍리 감방산 자락에 위치한

〈길갓집〉이었는데 이 집은 그 자체로도 통로의 의미인 '흐름'이기도 하지만 대지의 이쪽과 저쪽을 나누고 가르는 경계선이기도 하다. 실제로도 신 시인 부군의 귀소본능의 꿈은 정년이 되면 고향으로 내려와서 그림 같은 전원주택을 짓고 사는 일이었다. 그 꿈을 이루기 위해 마련한 집은 서해안 도로로 수용되는 바람에 일 년도 채 못 살고 그 이듬해에 헐리게 된다. 근동의 사람들은 자식을 훌륭하게 길러 금의환향했다고 칭송하면서도 세상에 저리 예쁜 집을 부수다니 아깝고 아쉽다며 야단들이었다. 다행히 남은 자투리땅에 신 시인의 부군 〈공적비〉와 신 시인의 〈꽃 필 무렵 시비〉가 세워져 지금껏 고향을 지키고 있다.

경계를 가르는 이쪽과 저쪽은 청춘과 노년을 나누기도 하고 삶과 죽음, 나아가서는 밤과 낮, 기쁨과 슬픔, 현실과 꿈마저도 구분이 되거나 분간이 되는 기준인 것이다. 게다가 '길갓집'이니 길의 가장자리에 위치했을 터이고 오고 가는 온갖 소문들이 먼지처럼 날아서 집으로 흘러들었을 것이다. 먼지처럼 떠도는 온갖 풍문들로 귓속이 울어대다가 그 풍문 속에 숨어있는 상처들로 인해 가슴이 뜨거워진 시인은 자신의 감성에 투망된 상처들에게 '시'라는 몸을 입힌다.

시 농사에 매진하느라 꽃들의 희로애락도 만나지 못하고 살아가는 시인. 시라는 게 저마다 슬픔을 노래하는 경우가 많아서 어쩌면 시를 창작하는 일은 슬픔마저도 뼈근해지는 고단한 일이기 십상이다. '시'라는 이상한 존재는 "자연이나 인생에 대하여 일어나는 감흥과 사상 따위를 함축적이고 운율적인 언어로 표현한 짧은 글"이라는 사전적 정의는 차치하고라도 촌철살인적인 감동을 전제한 경우가 많아서 그에 따른 갖가지 방책과 장치가 요구된다. 〈길갓집〉을 요량하는 시인의 생각은 언제나 "반쪽은 스러져 묻히고/반쪽은 나를 품어"주는 두 동강이 나버린 '내 꿈'으로부터 시작된다.

이 같은 사연까지 오기 전에 갓길집에 살았던 시인의 기억은 "소문이 심장을 떼어간다고"할 만큼 "먼지처럼 떠도는 풍문들로/귓속이 울어대다가/가슴이 뜨거워"지던 동네 아낙들의 입방망이질의 과거적 시간이 전제되어 있다. 고향의 산자락은 유년의 꿈이 서린 청라언덕 같은 곳이지만 한편으로는 갖가지 풍문들로 묻히고 뜨거워지던 귓속말과 가슴의 세계가 존재한다.

시인은 이제는 그곳으로부터 추억의 그물을 던져서 '소문'과 '풍문'의 세계를 반추하지만 바로 그쯤에 자신이 지나온 강물 같은 세월이 "꽃들의 희로애락도/만나보지 못한 채/슬픔마저 고단해지는/하루를 접어야" 할 만큼 힘든 날들이 숨 쉬고 있다. 이 같은 일이 어찌해서 여기에 이르렀는가에 대한 물음은 우문일 수밖에 없다.

• 달 뜨면 누군들 가슴 붉지 않으랴

서정주 시인의 절창 〈국화 옆에서〉 노래하고 있는 "내 누님 같은 꽃"이 이 작품 〈길갓집〉의 독법에 연상되는 것은 우연이 아닐 것이다. 국화 이미지로 그려진 서정주의 '내 누님'은 인생의 봄부터 가을까지에 형언할 수 없는 갖가지 산전수전을 체험하고 이제는 거울 앞에 앉아서 자신의 머리를 매만지면서 지난날을 회억하는 중년 여인의 모습이 가깝게 그려진다. 마찬가지로 신해자 시인의 〈길갓집〉에서도 갖가지 소문과 풍문 속에서 반쪽은 스러져 묻히고 반쪽은 품어주던 '나'만의 세월에서 미처 만나지 못하고 지나친 꽃들의 희로애락이 못내 아쉽게 그려져 있다. 그 아쉬움의 이면에는 슬픔마저 고단한 하루하루의 시간들이 접혀져 있는 것이다.

 이제는 그마저 등잔불처럼 가물거리지만 시골생활이란 게 물 긷는 우물터에만 나가도 갖가지 풍문들이 날개치고 돌아다닌다. '풍문'은 엄연한 메카니즘의 일종이어서 꼬리에 꼬리를 물고 주위 사방을 종횡무진 날아다니곤 한다. 그럼에도 이 작품에서의 '감방산 자락'은 금세 어두워지고 "밤이 깊을수록/서로를 부둥켜안은 채/온기를 나"눈다는 따뜻한 결말은 나이가 들수록 서로를 이해하고 보듬어주는 황혼에 닿은 생의 오지랖을 의미하는 것이리라. 그래서 〈길갓집〉은 단지 그곳에 있는 그 상태대로만 우리의 지난날이 보유한 추억의 저장소가 되기에 충분하다.

  대추 향 풋풋한 고샅길 따라
  달님은 넓은 하늘에 마실 다니고
  감나무는 홍시를 달고
  달을 기다리고 있다
  저 홍시 얼굴 붉히는 것은 달님의 손길 때문
  꼭지머리 산봉우리에 떠오른 달을 보고
  토담 위의 늙은 호박도 노랗게 물든다
  옳지, 저 호박도 아직 가슴 뛰는가

내 가슴에도 홍시 달리고
노란 물든다
달님을 애무하는 무월에서
누구든 가슴 붉히지 않으랴.

-〈무월撫月 마을〉

 제목 속의 〈무월 마을〉은 담양군에 소재한 한 농촌마을의 이름일 것이다. '무월'이란 말은 그대로 '달을 어루만진다'는 의미이다. 그만큼 마을의 풍광이 달과 잘 어울려서 산천경계가 두루 아름다운 곳이다. 산들이 구경꾼처럼 사방으로 빙 둘러서서 중천에 떠있는 달을 구경하고 있는 전원 속의 광경은 그 장면 장면을 상상하는 일만으로도 특별한 수식이 필요 없는 선경이다.
 이 마을은 사람이 떠나는 시골이 아니라 제대로 살아보자고 모여드는 소위 잘되는 마을이며 6·25전쟁 중에도 무릉도원처럼 피해가 고스란히 비켜간 깊숙한 명당지지라 한다. 그래서 그런지 이 마을은 팬션 형태의 숙박시설이 충분히 갖춰진 마을이다. 시골마을인데도 전국 각지의 여행객들이 계절에 관계없이 숙박을 하면서 밤늦도록 달과 별을 상대로 얘기를 나누는 한 폭의 수채화 같은 마을이다. 우리나라에서의 시골은 으레 산업사회가 몰고 온 개발에 밀려서 원주민들은 오래 전에 고향을 떠나 타향살이로 전전하고 어쩌다 이주해온 사람들도 생판 처음인 뜨네기들이라 한자리에 어울리면서도 근본도 모르는 남의 땅에서 서로가 주인 행세를 하며 살아가는 것이다.
 무월 마을의 정경을 노래한 위의 작품은 샘물소리도 정겨운 청풍명월의 본거지를 담아내고 있다. 이런 마을

에선 별무리가 토박이 원주민이고 달은 이주민처럼 떠오르는 쪽쪽 손님이고 몸통을 드러낸 홍시나 늙은 호박의 위세가 가로등처럼 불 밝혀진 돌담을 따라가면 졸졸거리는 샘물소리가 멀리까지 들려와 달뜨기는 아직 이른 해거름 녘까지 낮잠 같은 느린 객들은 궁금한 게 많아 이곳저곳 온 마을을 다니면서 구경꾼 행세를 한다.

  생각만으로도 아름답다는 이 마을에 와서 요즘 같은 계절에 빗방울이라도 들치는 날이면 산천초목들의 끝날 줄 모르는 이야기를 무상無償으로 들을 수 있다. 귀 있고 눈 있는 사람은 널리 아는 유명 관광지가 되었지만 신해자 시인은 어디에서 귀동냥하여 이 마을을 다녀갔던 것일까. 작품만으로도 절로 달이 뜨는 이 마을의 환한 저녁 풍경이 그려진다. 여기에서 신 시인의 상상력이 빛을 발한다. 시인은 무월을 '달을 애무하는 마을'로 환치한다. 달을 사랑스럽게 어루만지니 낯붉힌 감은 홍시로 익어갈 수밖에 없겠고 달빛이 내린 늙은 호박의 가슴도 노랗게 물들 수밖에 없었겠다. 이런 형국이니 자연스럽게 "내 가슴에도 홍시 달리고/노란 물든다/달님을 애무하는 무월에서/누구든 가슴 붉히지 않으랴."라는 절창이 나오게 되는 것이다.

    충청북도 백화산에서 오월을 만났다
    찾아오는 발길이 뜸한지
    적막감만 떠돈다

    잎새들이 참새 혓바닥처럼 귀엽다
    시나브로 산꽃들 지니

신록이 온통 백화산을 덮었다

반야사 독경 소리는
상처 난 영혼을 위해 연꽃으로 피어나고
산 입구까지 마중 나온 봉축등 행렬은
부처님 오실 날만 기다리는 중이다

계곡물에 소원을 띄워 바다로 보내고
풍경소리에 맞추어 산의 이마를 흔들어본다

첩첩 산중
옥빛 물속에 낮달이 놀러왔다
마알갛게 얼굴을 씻으니
연둣빛 새잎이 얼굴마다 돋아난다
이제 사랑할 준비가 다 되었다.

－〈백화산〉

지리적으로 백화산伯華山은 충청북도 청주시 상당구 주성동의 수름재 동쪽의 강당마을 뒤에 위치한 산이다. 어의語義는 "큰 빛이 나는 산"에서 따왔으며 돌과 모래로 이루어진 산이라는 데서 연유한다. 그러나 실제에 있어서는 백화산白花山으로 보아야 한다는 견해가 존재한다. 지금은 산림이 우거져 푸른빛을 띠지만 예전에는 온통 흰 바위와 모래만 드러나 하얀 색을 띠고 있었다고 한다. 산이 하얀 색을 띠었기에 마치 산에 흰 꽃이 핀 것처럼 보였다는 것이다. 이 산의 주봉은 독수리라는 의미의 '수리봉'이며 이는 '술봉'에서 변형된, 높은 봉우리로 해석이 된다는 것. 그리고 이 산의 절골에는 실제로 '서기사瑞氣寺'가 있고 참의를 지낸 이덕수가 세웠다는 '이유당怡愉堂'이라는 유명한 정자가 있었지만 지금은 빈터만 남아있다.

시 〈백화산〉에선 이 작품의 마무리인 다섯 번째 연(聯)을 여러 번 독서하였다. "첩첩 산중/옥빛 물속에 낮달이 놀러왔다"에서 시인이 옥빛 물속에다 마알갛게 얼굴을 씻으니 "연둣빛 새잎이 얼굴마다 돋아"났고 그래서 "이제 사랑할 준비가 다 되었다."는 구절에 이르면 절로 무릎을 칠 만큼 느낌이 커진다.

이 작품은 이 부분만으로도 신해자 시인의 이름을 지키는 역작노릇을 할 것 같다는 생각이 든다. 대자연과 인간이 합일의 경지에서 빚어낼 수 있는 절창이고 대화엄이기 때문이니 더 이상 무슨 설명이 필요하랴. 신해자 시인이 노래한 〈백화산〉은 그런 의미에서 이 산의 미감과 정취가 한층 달라질 수도 있겠다는 생각이 든다. 작품 전편을 통독하고 서두르듯이 마지막 연을 짚어왔지만 이 작품은 전체적으로 잘 짜인 구성에다 표현과 진행이 고루 성공하고 있는 것 또한 사실이다.

세월로도 5월은 계절의 여왕인지라 "시나브로 산꽃들 지니/신록이 온통 백화산을 덮었"을 것이다. 그리고 바삐바삐 어우러진 백화산 신록의 잎새들이 참새 혓바닥처럼 귀엽게 지저귈 것 같은 풍경은 상상만으로도 그리 싱그러울 수가 없겠다. 그래 신록의 잎새 우거지라는 은밀한 배려였을까. 이 시간 백화산 산판에는 신록만 날로 짙어지고 찾아오는 이 없어 적막감만 가득하다. 그러면서 이동해 간 다음 자리가 바로 "반야사 독경소리"이고 그 소리가 상처 난 영혼들을 위무하는 연꽃으로 피어나 '봉축등 행렬'로 멀리 산 입구까지 마중을 나와 "부처님 오실 날만 기다리는 중"이다.

• 기다림은 황홀한 환타지의 경험

이 같은 서사적 시간은 이내 봉축행사에 참석할 인파들이 밀물지듯 밀리는 광경으로 상상 중에 다가온다. 그리하여 다다른 네 번째 연 또한 박수 받을 만큼 성공한 표현이다. "계곡물에 소원을 띄워 바다로 보내고/풍경소리에 맞추어 산의 이마를 흔들어본다" 이 얼마나 멋진 표현인가. 여기가 신해자 시인의 시적 역량을 재는 중요한 단서가 될 수 있는 부분이라고 생각한다. 그런 다음 도달한 곳이 다섯 번째 연이다. 시인은 낮달이 놀러온 옥빛 물에다 깨끗이 얼굴을 씻었었고 그랬더니 얼굴마다 연둣빛 새잎이 돋아났다고 한다.

화자는 보름달보다는 낮달에게, 꽃보다는 연둣빛 신록에게 눈길이 갔던 듯하다. 그것은 둘 다 처음과 시작을 의미한 때문이 아니었을까. 낮달은 대부분 초승달이거나 반달이다. 연둣빛은 나뭇잎으로 치자면 신록의 사춘기다. 낮달이나 연둣빛 신록이나 사랑을 시작할 황홀한 시기인 것은 물론이다.

봄비가 밤새 내렸다

산꼭대기에서

골짜기를 타고
　　개울로 흘러 흘러서
　　논두렁 밭두렁을 적시고
　　샛강으로 달음박질친다

　　어디를 갈까
　　저리 바쁘게도
　　친구를 만나려는가
　　사랑하는 연인을 만나려는가
　　약속이나 있는 것처럼 바쁘게 달린다

　　바위에 부딪쳐 깨지고
　　푸르게 푸르게 청색들 물들이더니
　　거친 큰 강으로 떼 몰려 찾아간다

　　시내 샛강을 거치며
　　맑은 물 흙탕물에 섞여서 대가족을 이루어
　　쌈박질도 안하고 한몸으로 흘러간다.

　　　　　　　　　　　　　　　　　　-〈봄비 오는 날〉

　봄비는 겨우내 얼어붙은 대지에 훈김을 불어넣고 죽음의 겨울잠에서 깨어나게 하는 부활의 비다. 봄비는 감촉도 부드러워 감감무소식처럼 얼어붙은 대지의 구석자리까지를 어루만지거나 녹여서 새 생명의 촉을 틔우는 환희의 계절을 웃자라게 한다.
　지상의 식물들을 살려내는 데에 봄비보다 따뜻하고 친절한 손길이 있을까. 그래서 봄비는 근대문학사에 여러 시인들이 다투어 노래한 단골 소재 중의 하나이다. 변영로, 박용래, 천상병 등등 재능 있는 시인들의 작품에서 두루 〈봄비〉를 읽을 수 있고 이수복 시인의 〈봄비〉는 노래된 봄비 중 압권이다. 1955년 《현대문학》의 추천작이고 1969년에 출판한 같은 제목의 시집에 들어있는 이 작품은 7·5조를 기본으로 한 민요풍이며 낯익은 고향의 봄 풍경을 애잔하면서도 밝은 어조로 노래한 서정시다. "이 비 그치면 강나루 긴 언덕에 서러운 풀빛이 짙어오고, 푸른 보리밭 길의 맑은 하늘에는 종달새가 우짖으며, 봄나들이 나온 처녀애들과 타오르는 아지랑이로 봄기운은 더욱 짙어질 것"이라는 내용의 이 작품은 그 어떤 역사적 현실도 가미하지 않은 진품 서정시다.

신해자 시인의 작품도 이수복 시인의 작품과 동질감이 느껴질 만큼 대자연의 여러 현상들을 가감 없이 드러낸 한 폭의 풍경화를 연상시킨다. 밤새 내린 봄비로 산골짜기를 타고 흐르는 개울물이 산야를 거쳐 사랑하는 연인과의 약속이나 잡힌 것처럼 어딘가로 바삐 흘러서 달려간다.

이 시에서는 우선 시인의 따뜻한 시선을 읽을 수 있다. 빗방울이 커져서 시냇물이 되고 논두렁밭두렁을 적시고 샛강을 지나 큰 강에 이를 때까지 온갖 물방울이 모여든다. 흐르는 물은 바위를 만나면 부딪치거나 깨어지고 초록빛으로 들녘을 물들이다가 마침내는 수량이 많은 큰 강을 이루어 맑은 물, 흙탕물이 섞여서 다정하게 어울린 대가족 제도 하의 가정처럼 쌈박질도 안 하고 대처로 흘러가는 평화로운 광경이 노래되고 있다.

상선약수라는 말처럼 맑은 물, 흙탕물, 오염된 물을 서로 다르다고 내치는 법 없이 한 몸이 되어 동일한 방향으로 흘러가는 강물의 유수현상을 지켜보노라면 우리 인간의 역사적 시간도 저리 거대한 강물의 모습으로 뒤보지 않고 흘러왔겠다는 생각이 든다.

   함께 살아온 세월
   십 년이 훌쩍 넘었다

   언제부턴가 꽃대가 숨어 버렸다
   올해는 피우겠지
   기다림은 한숨만 남았다

   잎만 한 촉씩
   푸르게 손바닥을 내밀고
   내 맘을 달래준다

   며칠 전
   꽃대가 고개를 내밀더니
   오늘 아침 반짝 눈을 떴다
   다음 날 또 한 송이
   새초롬한 미인처럼 들여다본다

   내가 뭘 잘못했니?
   더 잘할 게
   잊지 말고 다시 찾아와 줘
   은근히 당부한다

기다려도 오기만 하면
고통은 녹아 멀리 사라진다

오랜만에
내 마음의 화폭에도
꽃 세 송이 난꽃이
다소곳이 피었다.

- 〈난에게〉

'기다림'이란 때가 오기를 바란다는 의미의 "학수고대하다"라든지 "관망하다"와 유사한 의미이며 이 단어에는 참고 견딘다는 인고의 시간이 배여 있다. 바로 여기에서 시인이 지닌 〈난에게〉의 시심이 출발한다. 함께한 세월로는 훌쩍 십년을 넘겼다고 했다. 그러던 난이 꽃대를 숨겨버려 "올해는 피우겠지" 한숨 반 기대 반 기다림만 남기던 중 잎만 한 촉씩 손바닥을 내밀어 이를 기다리던 시인의 맘을 홀연 달래 준 것이다.

이미 며칠 전부터 고개를 내밀던 꽃대에서 드디어 '오늘 아침'이 되었고 반짝 개안開眼을 했다. 고 예쁜 것들이 새초롬한 미인처럼 "다음 날 또 한 송이" 벙글었다. 그래서 그놈들을 일삼아 들여다본다. 보면 볼수록 예쁘다. 그러면서 언제부턴가 꽃대를 숨겨버린 난을 향해 시인은 자신이 저지른 말 못 할 서운한 일이 있었을 거라는 상상을 한다.

'더 잘할 게'와 "잊지 말고 다시 찾아와 줘/은근히 당부"하지만 입이 마르고 심장타는 소리 들리는 것 같은 조심스러움과 조바심이 읽힌다. 그래도 기다리는 상대가 찾아오기만 하면 그 다음 기다림의 시간은 황홀한 환타지의 경험으로 그 물성이 바뀌게 된다. 이 자리에서 기다림의 대상이 숨어버린 꽃대와 난꽃으로 표현되지만 '난꽃'이라는 객관적 상관물 뒤에는 사랑이 숨어있음은 말할 필요도 없겠다. 고희를 넘어선 시인은 아직 난꽃 같은 사랑을 기다리고 있다. 사랑하는 마음은 대상의 크고 작음이나 나이의 많고 적음이 상관되지 않음을 이미 울만의 '청춘'에서 읽지 않았던가.

작품의 서술적 전개는 매우 순차적이어서 특별히 살펴가면서 읽어야 할 부분은 발견되지 않는다. 다만 식물의 일종인 난에게 인격을 부여하고 10년의 세월을 두고 남녀가 사랑을 하듯 기다림과 반성과 인간적인 당부까지를 곁들이는 대목 대목에서 신해자 시인이 지닌 친親 사물적 사상을 읽을 수 있다. 작품은 마무리의 자리에서 기다림 끝에 다가서던 상대가 출현하기만 하면 그 동안 겪었던 고통은 햇빛나면 사라지는 안개처럼 이내 멀어져버린다는 지극히 자연스러운 생각을 담아낸 작품이 바로 〈난에게〉이다.

그리고 그리도 기다리던 난꽃인지라 '내 마음'을 화판처럼 펼쳐놓고 그 위에 그림을 그리듯이 다소곳이 난꽃 세 송이를 피워 올린 것이다. 이리되면 시인이 기다리던 지상에서의 숙제는 난꽃 세 송이의 개화로 어느 정도 이루었음을 인지하게 된다. 기실 마음 깊은 곳에 기다림은 아직 존재하지만 난꽃과의 만남은 미지의 기다림에 대한 작은 보답인 것이다. 그리고 그 만남으로 인해서 다시 기다릴 힘이 축적되는 것이다.

노랑 초록 빨강 단풍꽃
무등산은 색색으로 갈옷 입었다

누가 저리도 곱게 물들였을까?

무릎이 아파 갈 수가 없었는데
마음은 벌써
주상절리를 휘휘 감고 돌아 나온다

눈 맞추고 흥에 젖은 가슴
설렘만 가득하다
가을에 접어든 무등도 무릎이 아프겠지
나는 서석대를 바라보며
중머리재에서 무등의 무릎을 쓸어주는데

늘어진 당산나무가 내 무릎에 손을 얹었다.
―〈가을 무등산〉

굳이 시인이 아니어도 가을 무등산을 생각하는 시간은 절로 이야기가 앞장을 서고 미풍이 멜로디의 흐름을 타고 그 산의 정상이라도 휘감을 기세다. 이럴 때 무등산은 사람과 만나 밤을 새워도 물리지 않을 것 같은 낭만의 시간을 펼친다.

그런데 사람에게는 저마다의 '시간'이란 게 있다. 젊었을 때는 일도 아닌 등산이 어느새 무릎 시큰거리는 나이가 되었으니 마음은 벌써 정상인데 몸은 산자락만 바장이는 모습이다. 그래서 나온 말이겠다. "눈은 빠르고 발은 게으르다"고. 정상을 미리 올려다본 눈은 그 높은 곳을 언제 오르냐며 한사코 오르지 않을 편한 쪽만을 꼬드긴다. 그러나 발은 항시 정직한 고로 한 발짝이라도 줄이지 않고서는 정상은 절대 오를 수 없다며 시작이 반이라는 심정으로 정상의 거리를 좁힌다. 한 발자국이라도 이동하면 그만큼 가야할 거리는 좁아지는 것이니까.

가을에 접어든 무등은 한편으로는 채색이 화려한 만화경이 제격이겠고 그야말로 빨 주 노 초 파 남 보 무지개의 일곱 색깔이 모두 섞여 있을 터이다. 그런 마당에 "누가 저리도 곱게 물들였을까?"란 탄성 한마디 없었을까. 그러나 그것은 어디까지나 마음일 뿐, 아픈 무릎으로는 오를 수 없고 마음만 앞세워 "주상절리를 휘휘 감고 돌아 나온" 것이다.

- **"당산나무가 내 무릎에 손을 얹었다."**

그 자리에서 문득 지나온 세월을 헤아려 본다. 인생의 가을을 지나는 시인 자신의 처지와 단풍 범벅인 산이 동병상련에 접어들었다. 무등산이 저리 곱게 몸치장한 것 같아도 세월은 벌써 장년의 시간을 넘어선 가을이 아닌가. 머리로는 "가을에 접어든 무등도 무릎이 아프겠지" 하는 시인에게서 동병상련의 염려가 되짚어지고 눈으로는 이 골짜기 저 골짜기 설렘만 가득한 눈 맞춤이 이어진다. 그러다가 중머리재에 올라서는 순간 무등의 무릎을 쓸어내리는데 그때 아는지 모르는지 "늘어진 당산나무가 내 무릎에 손을 얹었다."고 했다. 아뿔싸, 물아일체에 든

시심이다.

저녁놀이 붉다
황혼의 멜로디는
구름을 타고 무등산을 오른다

그리움으로
가슴 차오른 노래는
서석대에 감긴다
추억이 서석대처럼 일어선다

평생을 음악과 함께한
열정의 호랑나비가 되어
건반 위를 사뿐사뿐 날아다닌다
날개는 건반을 넘나들며
기러기 떼로 변신한다

노을 속으로 날아들더니
눈부신 황금날개로 솟구친다.

-〈노래를 부르며〉

 성악가이기도 한 신해자 시인은 그런 관계로 한평생을 노래와 함께 생활해 왔다. 신해자 시인의 노래에 대한 사랑은 그래서 나이가 들어도 그 열성도가 줄어들지 않았다는 생각이며 저 같은 열정을 숨기고 어찌 젊은 시절을 보냈을까가 장히 궁금할 만큼 그의 노래에 대한 열성은 대단하기만 하다.

이쯤 된 시인이니 "황혼의 멜로디는/구름을 타고 무등산을 오른다"쯤 되지 않았겠는가. 이 같은 시인의 가슴을 가득 차오른 노래는 더도 덜도 아닌 서석대의 주상절리처럼 높은 키로 솟아오른 그리움이 되었다.

멀리서도 보이고 들리는 그리움을 향한 노래는 주상절리로 일어선 서석대를 감아내기에 충분했을 터이다. 그리고 서석대의 주상절리는 "평생을 음악과 함께한/열정의 호랑나비가 되어/건반 위를 사뿐사뿐 날아다"니는 신해자 시인을 생각하기에 충분하다. 이쯤에서 신해자 시인의 내심에 김 서린 생의 무늬가 어떤 것인지를 헤아리기는 어렵지 않다.

그런데 그 "열정의 호랑나비"는 날개 쳐 건반을 넘나들기도 하다가 이내 기러기 떼로 변신한다는 대목을 읽는데 이는 신해자 시인에게 그 같은 변화의 지점이 있었던 것이리라. 분명한 것은 이쯤에 이르러 한 굽이를 날아서 다음의 굽이로 접어든 신해자 시인을 읽을 수 있었음이다. 바로 그 굽이가 노을 속이었고 그래서 "눈부신 황금날개로 솟구칠" 수 있었음이다. 확실히 신해자 시인은 멜로디에 실어 보낸 생의 세월이 그 자신에겐 지울 수 없는 추억의 세월일 것이다. 이 시구 '황혼의 멜로디'는 시인과 동고동락한 노래에 대한 애정이 지금도 여전함을 드러낸 표현이 아닐까. 노래는 호랑나비가 되어 건반 위를 날아다니다가 이내 기러기 떼로, 황금날개로, 영원을 향하여 솟구친다. 어느 한 순간도 노래와 떨어질 수 없었고 어쩌면 이승 그 이후의 시간까지도 노래와 함께하고 싶은 시인의 염원이 담겨 있음이다.

가을을 데리고 온 귀뚜라미
밤새워 연인을 부른다

별들은 얼굴 붉히고
직녀도 베틀에 올라
밤새워 오색단풍을 짠다

나그네 외로운 마음도
소슬바람 물레에 걸어
사랑 노래를
밤새워 물레처럼 돌리고 싶다.

― 〈귀뚜라미 사랑〉

 가을밤 귀뚜라미소리는 듣는 이의 심정적 상태에 따라 서로 다른 울림을 형성하겠지만 위 작품에서의 독법은 '밤새워 연인을 부'르는 구애의 노래로 해석할 수 있겠다. 여기에다 얼굴 붉히는 별들과 베틀에 올라 "밤새워 가며 오색단풍을 짜는" 직녀는 다름 아닌 신해자 시인이고 귀뚜라미의 노래를 뒷받침하는 구성진 배경이 되기에 충분하다.
 그러면서 시인은 다음의 단계를 형성한다. "소슬바람에 물레를 걸어/사랑 노래를/밤새워 물레처럼 돌리는" 나그네의 외로운 마음이 의도된 자리에 위치하고 있다. 〈귀뚜라미 노래잔치〉란 동요에도 밤마다 귀뚜라미가 노래잔치를 여는데 산 위에는 두둥실 둥근 달이 솟고 살랑 부는 갈바람에 오동잎 진다는 가사를 접하면서 위의 〈귀뚜라미 사랑〉과 정서적 분위기가 많이 닮아 있음을 읽을 수 있었다.

귀뚜라미가 날 새워 우는 가을밤은 통상적으로 달빛이 눈처럼 내린 밝은 정경이 연상된다. 그럴 때 먼 길 떠나온 나그네의 객수客愁는 깊은 외로움에 젖기 마련이며 귀뚜라미와 더불어 소매 끝에 스며드는 소슬바람을 물레에 걸어 밤을 도와 사랑 노래를 잣고 싶다는 생각에 이른다. 그것이 바로 외로움을 달래려는 통과의례이기나 한 것처럼.

몰라서 그렇지 가을 밤 귀뚜라미 소리가 이제는 가을을 상징하는 실루엣처럼 생각되는 낭만의 상징물이지만 실은 이들의 멋진 소리가 싸움을 하거나 암컷을 부를 때 내는 소리라고 한다. 그런데 재미있는 사실 하나는 귀뚜라미의 귀는 얼굴이 아닌 다리에 붙었다는 사실이고 귀뚜라미의 암컷은 짝짓기 후 바늘같이 긴 대롱을 땅 속에 넣고 알을 낳는다는 사실이다.

그리고 가을에 낳은 귀뚜라미의 알은 봄에 나온 후 5번의 허물을 벗고 멋진 귀뚜라미가 되어 가을밤을 노래한다는 것이다. 요컨대 귀뚜라미에 빗대어 밤새워서가 아니라 한평생을 사랑의 물레를 잣고 싶었던 화자의 심정이 잘 드러나 있는 작품이라 하겠다.

설렘이 먼저 길을 나선다

언제라도 당신은 가득 차고
세상만사는 텅텅 비었다

돌아서는 발길이 애잔하던지

조각구름도 따라 길을 나선다

유달산 아래 함께했던 설렘들
추억에 일렁이는 낙조의 불길
먹구름에 가려 애를 태운다
막힌 채로 어둠이 내린다

보름달이 천천히 비상하는 밤
보름달이 뜨면 만난다는 학처럼
이 밤에 천상 높이에
당신과 다시 만날 것만 같다.

-〈당신과 머문 곳〉

　신해자 시인이 작품으로 담아낸 〈당신이 머문 곳〉은 어디일까. "언제라도 당신은 가득 차고" "설렘이 먼저 길을 나"서는 곳이리라. 시인은 세상만사는 텅텅 비어도 '당신'만 만날 수 있다면 상관없다는 생각인 것이다. 오직 한 사람 '당신'이라는 상대만을 생각하는 자리이니 "돌아서는 발길이 애잔"하지만 이에 맞춘 듯 "조각구름도 따라 길을 나"서는 형국이다. 그러면서 구체적으로 함께했던 '당신'과의 시간들이 적시된 곳은 '낙조의 불길'이 일렁이는 "유달산 아래"였었다.
　이곳에서 보낸 세월은 먹구름에 가려 애를 태우기도 했었고 막힌 채로 어둠이 내려 갖가지 인생의 신산고초를 겪으면서도 당신에의 설렘만은 여전하여 그 설렘을 지핀 그 시절의 추억은 하늘을 점령하듯이 타오르는 낙조의 불길로 다가왔을 것이다.

• 보름달은 하늘에 걸린 '천상재회'의 얼굴

이 작품에서 '유달산'과 관련하여 견인한 '먹구름'과 '어둠'의 의미는 쉽게 읽히지 않는다. 그만큼 시인의 지난날을 에워싼 힘들었던 시간들이 예사롭지가 않아서 세상만사를 텅텅 비우고라도 가득 당신과의 추억만을 채워 넣고 싶었던 건 아니었을까.

이 작품의 진행을 서사적 전개로 보면 이제 반전 이후의 자리에 왔고 "보름달이 천천히 비상하는 밤"의 시간에 이르렀다. 보름달은 모든 갈등이 해결된 이후에 출현한 원만구족의 상태를 이르는 상징물이라 하여도 무리는 아닐 것이다. 이 같은 '보름달'을 중심에 둔 천상의 높이에서 신해자 시인은 '당신'과의 '광명한 만남'을 요량하는 것 같다. 그 시간의 심정적 상태를 온전히 느끼고 펼칠 수 있도록 하늘 높은 자리에 '천상재회'의 설치물처럼 보름달을 걸어두었던 것이다.

당신이 머문 곳이니 보름달이 밝을 것은 불문가지. 그리고 학들이 날아와 아름다운 만남을 이루고 신해자 시인도 먼저 나서던 설렘의 자리에 세상만사를 가득 채운 '만남'을 읽어내게 한다.

필자도 그림 작업을 하면서 〈당신이 머문 곳〉과 일치한 회화작품을 제작한 일이 있다. 비단보다 황홀한 날개를 울타리처럼 사방에 펼쳐서 에워싼 그 중심에 보름달을 띄워 학 세 마리가 부리를 맞대고 만나는 형상의 그림인데 이 작품을 통해 내 자신이 구상한 '만남'의 의미를 어느 정도 빛을 수 있었다고 생각한다. 신해자 시인에게 작품 속의 '당신'이 누구인가를 묻는 것은 부질없다. 다만 배경으로 제시된 "유달산 아래"에는 장소와 묶어진 그날의 '시간' 또한 동시적인 의미를 형성한다는 점에서 놓칠 수 없는 의미를 읽어내게 한다.

> 태양이 작열하는 한여름
> 매미는 아우성치며
> 죽을힘을 다해
> 소낙비처럼
> 울음을 토해낸다
>
> 먹구름 속 천둥치며 소낙비를 퍼붓는다
> 높은음자리의 세레나데가 연주 된다
>
> 숨 한번 고른 후
> 고막이 터질 듯이
> 6khz로 세상을 구애한다
>
> 마지막 청혼자라는 것을 아는지
> 저리 목피가 터져라
> 세레나데를 연주하는 것인가
>
> 나를 부르는 그대여
> 한 옥타브만 소리를 높여다오.
>
> ―〈매미의 울음〉

소낙비처럼 죽을힘을 다하여 울음을 토해내는 매미의 아우성은 "작열하는 한여름"의 태양을 많이도 닮았다.

그 똑같은 자리에 똑같은 크기로 먹구름 속에서는 천둥이 치고 퍼붓는 소낙비만큼 "높은음자리의 세레나데가 연주되는" 광경이 펼쳐져 생각만으로도 강렬한 느낌이 남는다. 비록 미물인 매미지만 여기에서 한 번의 숨 고르기가 없었으면 어찌 그 다음을 위해 "고막이 터질 듯이 /6khz로 세상을 구애"할 수 있었겠는가. 매미의 구애는 상상만으로도 막힌 것들을 뻥 뚫어버릴 것 같은 통쾌함이 있다. 태양은 지글거리고 숨 쉬기조차 짜증스러운 폭염 중에 쏟아지는 매미소리마저 없었다면 그 힘든 무더위를 어찌 이겨낼 수 있었겠는가.

작품은 이내 한 굽이에 접어든다. '6khz'가 어느 정도로 강한 주파수인지를 필자는 알지 못한다. 그러나 지금까지의 정황에 비추어 그 강도는 충분히 어림짐작할 수가 있다. 그리고 거기에도 조건이 있다. '마지막 청혼자'라는 표현을 붙여 "저리 목피가 터져라/ 세레나데를 연주"한다는 매미의 울음에 비추어 그 소리의 강도는 절박함이 먼저 읽히는 것을 실감할 수 있다. 그러면서 붙인 마무리의 요구조건은 "나를 부르는 그대여/ 한 옥타브만 소리를 높여"달라는 것이니 이 작품이 지닌 체열의 강도가 어느 만큼인지가 전해져온다.

생물체의 세계에서 사랑은 암컷과 수컷이 구별되는 숙명의 한 모습이라고 한다. 사랑의 힘으로 울고 구애하고 그리고 상대의 자리로 이동하여 짝할 수 있다. 매미가 암컷을 부르는 날갯짓의 소리는 얼음찜질이나 부채처럼 한여름을 식힐 수 있는 충분한 청량제의 역할을 한다. 화자인 시인의 귀에도 여운처럼 가물가물한 상태에서 자신을 불러대는 사랑의 세레나데가 들려온다. 한 옥타브만 높여주면 그대를 찾아갈 텐데…하는 아쉬움을 담은 사랑의 노래인 것이다.

 태양이 작열하는 한여름에 죽을힘을 다하여 아우성치는 매미의 울음소리는 천둥치는 먹구름 속의 소낙비를 닮았고 이내 "높은음자리의 세레나데"로 환치된다. 그리고는 숨 한번 고르기가 끝나면 강조하듯이 되돌아온 목피가 터질 만큼의 상황을 이어간다. 나를 부르는 소리는 세레나데의 연주로 이어지고 이 작품상에 한 옥타브만 소리를 높여달라는 구애는 이 작품의 강도를 더욱 열띠게 한다.

 세레나데는 '저녁 음악'이라는 의미이며 밤 시간에 연인의 집 창가에서 부르거나 연주하던 사랑의 노래였다. 이 노래는 18세기 말에 이르러 짧은 길이로 된 기악모음곡 형태의 음악이었고 매미의 울음을 두고 이 같은 상상에 도달한 신해자 시인의 언어는 그의 음악적 재능과도 무관치 않다.

● 일상을 열애하면 시에 꽃이 핀다

 신해자 시인의 작품에는 두루 그가 일상에서 만나는 여러 객관적 상관물인 산, 강, 달, 노래, 고향, 봄비, 귀뚜라미, 매미, 난, 풍경 등이 그가 생활 속에서 노래한 열애의 대상들이었다. 그것들은 어쩌면 시인의 가슴 깊은 곳에 내재된 사랑에 대한 숭고한 열정의 결과이리라. 신해자 시인은 무엇을 보든지 그것들의 열망을 사유하듯 관찰하고 환호하고 그리고 사랑이란 이름의 눈빛을 보낸다. 그 마음들은 활화산처럼 분출되어 소담한 시의 꽃송이들을 무시로 뿜어낸다.

신해자 시인에겐 항용 끊임없이 샘솟는 청춘의 에너지가 비축된 때문에 이 같은 여러 백화난만을 빚을 수 있었던 것으로 보인다. 필자에게 신해자 시인은 백화난만의 파라다이스를 거니는 솜털 보송하고 복숭아 빛을 띤 3, 40대의 청춘의 모습으로 다가온다. 그런 때문인지 그의 이번 시집의 작품들에는 유독 젊음과 관계된 다수의 어휘들이 검출되었고 그 같은 표현들에 둘러싸여 필자도 청춘의 감성으로 그의 시편들을 독서했다는 것이 그를 향한 마땅한 소감일 것이다.

신해자 시인은 앞으로도 사랑의 화신인 직녀의 베틀에 앉아 오래도록 사랑의 노래를 부르며 아름다운 시의 피륙을 짜낼 것이다. 노래든 시작품이든 끊임없이 분출된 청춘의 열정으로 자신의 세월을 엮어갈 신해자 시인의 시창작의 도정에 마음을 다하여 응원하는 바이다.